풀은 제멋대로야

리토피아포에지 · 34
풀은 제멋대로야

인쇄 2015. 7. 20 발행 2015. 7. 25
지은이 정무현 펴낸이 정기옥
펴낸곳 리토피아
출판등록 2006. 6. 15. 제2006-12호
주소 402-814 인천 남구 경인로 77(숭의3동 120-1)
전화 032-883-5356 전송032-891-5356
홈페이지 www.litopia21.com 전자우편 litopia@hanmail.net

ISBN-978-89-6412-052-1 03810

값 9,000원

이 도서의 국립중앙도서관 출판예정도서목록(CIP)은 서지정보유통지원시스템 홈페이지(http://seoji.nl.go.kr)와 국가자료공동목록시스템(http://www.nl.go.kr/kolisnet)에서 이용하실 수 있습니다.(CIP제어번호: CIP2015018784)

정무현 시집

풀은 제멋대로야

리토피아
LITERATURE & UTOPIA

시인의 말

눈이 있어,
귀가 있어,
코가 있어,
나를 만들어 간다.
입이 있어
달리고,
울고 웃는다.
그 시간이
바람이었다가, 계곡이었다가, 한 마리 새였다가
만신의 도움으로
손을 얻었다.
너와 함께 할 수 있는 손을 얻었다.

2015년 여름
정무현

차례

제1부 풍금소리

풍금소리 15
다정다경多情多景 16
연무 비상 17
나비와 꽃 18
시린 오후 20
사랑 21
겨울을 여는 마을 22
돌아가는 길 23
곶자왈 24
그리움 26
동행 27
비가 옵니다 28
한지공예 29
사연들의 기지개 30
원미 진달래 32
연인이고 싶어 34
간이역 봄바람 35
고목 36
목련이 피려는데 37
때죽나무 38

제2부 세월 바라기

세월 바라기 41
애기똥풀 42
사스레나무 43
강아지풀 44
삼백육십오 45
칠보산의 보물 46
공주 48
꿈의 진행 49
통증 50
비어버린 도시 52
곶-수박 53
욤 키푸르 작전 54
독감 56
새벽 57
버즘나무 58
바르셀로나의 융합 60
먹이주기 61
정물화 62
책들이 놀고 앉아있다 63
레코드 64

제3부 꼭지점

봉이 김선달 67
꼭지점 68
이상한 문제 70
행복하다 71
익은 아이 72
정리해고 74
개니까 76
무병시대 77
놈들의 보드놀이 78
경계측량 80
카메라 81
하루 82
어거지 84
마을 고속도로 86
기러기 87
밤의 얼굴 88
승천 89
열꽃 90
딱지치기 91
변기 92

제4부 시계불알

시계불알	95
금기	96
깡시장	97
베개	98
백년손님	99
존재의 법칙	100
기우 다음은 기대	101
활화산	102
그의 능력	103
밤송이와 성게	104
커피	106
인생살이	107
데니스 홍	108
소록도의 해당화	110
다랑이밭	112
4월의 낮달	113
마드리드 유람	114
알람브라궁전의 환생	115
재래시장	116
벽	117

해설/최광임 119

부조리한 세상과의 불화, 그리고 동행

— 정무현의 시세계

| 제1부 |

풍금소리

풍금소리

멀리서 바람을 타고 오는
풍금소리는 교정의 웃음이었다.

태양은 시뻘겋게 달아올라 머물기도 했고
구름은 검은 보자기를 펴고서 바쁘게 지나갔다.
온통 교정이 적막으로 잠길 때에는
기어이 참지 못하고 세찬 물세례를 퍼부었다.

풍금소리는 시인을 만들고,
음악가를 만들고, 건축가를 만들고,
마침내 도시의 꿈을 만들었다.
풍금 타는 선생님은 천사였다.
악동들은 천사와 결혼하고 싶어 했다.

도시의 꿈이 이뤄진 날
천사는 날아가고,
풍금도 사라지고,
악동들은 모두 다른 세상으로 떠났다.

다정다경多情多景

산 아래로 길은 휘어지고,
달빛이 떡갈잎에 기대어 부스럭거린다.
바람은 가뭇가뭇 발걸음은 조박조박,
이따금 풀벌레 울음 하얀 길을 만드는데
산허리를 돌아 난데없는 떼 소리,
개구리 세상이다.
달빛이 떼 소리에 밀려 들판에 눕는다.

밀밭 서리 기어가는 소리,
몰려오는 창꽃들 흔들리는 소리,
소 꼴 베는 풋내 낫질 소리,
감꽃 아래 낙감 줍는 발자욱 소리,
사방치기 돌 뿌리는 소리,
말뚝박기와 가댁질,
흘러가버린 것들이 걷잡을 수 없이 시려온다.
햇살 등짐지고 돌아가는 길,
들판을 차지한 여린 논에는
어젯밤이 볏모로 숨어 배실거린다.

연무 비상

어둑새벽은 돌아 설익은 모양을 드러내고
뿌연 고요는 일순 매혹으로 번진다.
발목에 닿는 밭둑길 이슬 두른 풀잎에서
온몸으로 새벽을 빨아올린다.
치걱대는 밭둑길 연무 속에서
물비늘 꽂히는 길을 지나야 꿈의 자락을 잡는다지.
드러나는 밭이 번지면서 희망산이 둘려있는데,
이 터전에서 싹을 틔운 아이가
햇살 바르며 솟아오른다.

나비와 꽃

팔랑거린다.

치마폭은 중심에서 벗어나 연신 허공에 갈짓자를 그린다.
겁도 없이 세상을 감싸 안는다며
바람을 거스르고 높이를 거스른다.
제멋대로 앙탈이다.
목을 쭉 빼고 바라보는 풀 속의 나, 멋있어 한다.
사지는 박혔지만 미혹의 촉을 날리는 재주는 있다.
네가 앙탈이면 나는 미혹,
네가 팔랑대면 나는 한들한들,
너를 맞이하련다. 갈라진 치마를 몸으로 부여잡고.
허공을 딛는 것이 숙명인 줄 몰랐더라면 우린 어찌 반겼을까.
네게 가져다준 자유로운 사랑은 부활의 영혼으로
세상을 감싸 안기에 언제든지 너를 맞이한다.

혈통이 달라 시간으로 애벌레를 키우니 씨앗을 부풀리며
서로 세상을 휘저을 거라 꿈을 꿨지.
꿈은 대를 이을 거라는 여유는 닮았다.

너풀대는 모습에 함께 할 준비를 했어.

갈짓자,

그건 나를 위한 몸짓이야.

시린 오후

삶이 아니라는데 아닌 삶을 믿는다.
아귀다툼 속에 눈알이 핏줄 되거나,
벌떡 누워버린 대합실 노숙 신세이거나,
황혼에 무명씨인 건 매한가지.

오후가 가녀린 숨을 내리고
새소리마저 정지되면
일순, 물결로 휘어지는 잎들 위에
소스라친 바람이 쓸리는 소리로 밀리고
미루나무잎은 짧은 다리로 떤다.

아직 밤은 이르지만
사방은 어둠처럼 조용하고,
낮달 오른 하늘을 물들이는 해지개는
덮어야 할 오후로 가슴시리다.

사랑

내가 당신이었을 때
떨어져 있는 순간이 마디마다 두근거렸습니다.
만나면 서투른 말솜씨가 수다를 더했습니다.
내가 당신이고 싶었을 때
나는 없고 당신만 있었습니다.
밤이 모자라 항상 낮을 빌려 썼습니다.

사랑이 완결되려면 기준이 있다네요,
기준에 맞지 않으면 사랑이 아니었습니다.
기준을 무시한 나는 대가를 받았습니다.
내가 당신이 아니었을 때
나는 이것뿐이었고 기준은 냉정했습니다.
내가 안고 가야 할 흔적이란 걸 알았습니다.
그게 사랑이라는 걸 내 기준에 남겼습니다.

겨울을 여는 마을

아직 눈밭인 동구는 허옇게 침묵이다.
새벽 햇살은 헛간 틈으로 파고들어 볏단을 뒤진다.
황소의 코뚜레가 기운 한 번 뿜어내니
하얀 숨가루가 고단함을 떨쳐낸다.

집집마다 퇴비질로 소리 없이 분주한데
눈밭에 앉은 마을은 그림 되어 박혀있다.
팽팽한 적막이 어설픈 까마귀가
염주 굴리듯 우듬지 휘릭 털고 날면
하얗게 앉은 번뇌가 눈가루로 흩날린다.

적당한 인내가 필요하다.
아직도 세숫대야는 외마디 소리로 달라붙고
옷가지 사이로 바람 집을 만드는데,
앞말에는 차와 사람이 뒤엉키고
긴 막대기로 미끄럼 바퀴를 굴리는 형형색색,
시지푸스를 비웃는 후예들이
겨울을 여는 곳도 있다.

돌아가는 길

바람에 봄이 날린다.
향기로운 건 고국도 이랬다.
위에하이 갖가지 사연이 바람짐을 싸고 있다.
왕 시아오, 푸치앙, 유이 구어춘, 쉬 동밍, 비 융겅, 장 룽지아, 리앙 징리, 지앙 잉즈, 그리고 순 융메이,
꽃이 피고 파도가 부르고,
낙엽이 지고 눈이 내리면,
순간마다 미소다. 위에하이

간밤에 파도는 어둠에 박히고,
그녀는 몸을 떨며 얼굴 위로 이불을 당긴다.
다시 만나리라는 기약도 위로가 되지 않고,
가야 하는 발걸음은 갈짓자다.
언젠가 벚꽃 터지듯 환한 만남이 있다면
그 밤은 물결이 되고 거리는 출렁이겠지.

곶자왈*

뿌리가 바위를 감고 뚫는다.
성치 않은 몸 사십만 년이다.
비바람이 날리고 눈두덩이를 덮어썼는데
불길이 뚫은 돌의 구멍을 잊을 수 없다.
천 년의 터를 마련하고 나니
북방과 남방의 경계마저 허물없이 섞인다.

하늘 한 자락 불의 띠가 되어 천 길 솟으니
하늘은 세찬 물 퍼부어 땅이 만들어진다.
혼자서는 살 수 없는 돌땅이다.

서로 끌고 끌리며 엉키고설키며
돌은 연리석이 되고
뿌리박은 덩굴은 연리지가 되니
그 땅에서 숨이 머물게 된다.
허파가 되고 하늘을 비옥하게 한다.
돌을 뚫고 연녹색 잎들이 천진하게 솟아오른다.
잠겨진 과거를 안고 눈들이 마주하고 있다.

* 곶자왈 : 세계에서 유일하게 열대 북방한계 식물과 한대 남방한계 식물이 공존하는 제주도의 독특한 숲 또는 지형을 일컫는다. 곶자왈은 나무·덩굴식물·암석 등이 뒤섞여 수풀처럼 어수선하게 된 곳을 일컫는 제주도방언이다.

그리움

가슴으로만 온다.
갑자기 추워진 날 휑한 바람이 불어올 때
무표정한 길을 걷다가 적막이 막아설 때
늘 가슴으로만 온다.

방안에 갇혀 아무 것도 모를 때,
무엇인지 모르고 차가운 공기를 느낄 때,
갑자기 뛰쳐나간 눈동자에 단풍이 붉게 제 몸을 벗길 때,
단 하나의 가슴으로 온다.

햇살을 보며
눈을 찔끔거리고
코가 벌렁이어도
끝내는 늘 가슴으로만 온다.

동행

두려워하지 말아요.
사랑이 변할까 가슴앓이 말아요.
열꽃 오른 사랑이 항시 그럴 수 있는 방법은 찾지 못했어요.
사랑이 변한다는 건 정과 배려가 다가온다는 뜻이에요.
떠나간 사랑은 변한 게 아니라 없어진 것이고,
없어진 사랑은 의미가 없잖아요.
사랑이 다른 사랑으로 변할까 두려워하지 말아요.
다른 사랑이라면 지금의 사랑을 가질 수 없잖아요.
열꽃 오른 사랑이 위험하니 안전하려 우화하는 거예요.
올챙이가 개구리로 변한 건 축하할 일이에요.
꽃과 나무가 우리를 위해 가득히 채워주고 있어요.
없던 바람이 다가와 살랑살랑 손을 흔들어 꽃향기 날리네요.

비가 옵니다

여행을 떠나고 싶을 때에는 비가 옵니다.
그리움, 서러움이 스륵스륵 내립니다.
내리는 빗속으로 아픔이 걸어갑니다.
몸에서는 열이 나고 비는 거세집니다.
그녀의 울음소리가 하늘로 오릅니다.
아버지의 고함소리가 귀에 먹먹합니다.
점점 미쳐가는 중입니다.

아비규환의 칠천량, 마추픽추를 잃어버린 밤바의 통곡, 어쩔 수 없다고 내리꽂힙니다. 등짝이 패이도록 패대기를 칩니다. 뭉쳐 쌓입니다. 아무데나 가리지 않고 쌓입니다. 바다로 가야합니다. 고향 하늘이 가까워집니다.

여행을 포기합니다.
떠날 이유가 없습니다.
하늘이 부서지는 굉음으로 갈라집니다.
비는 요란한 소리를 내야만 하고
산은 소리를 먹으며 앉아 있습니다.

한지공예

샛노란 산수유꽃이 피어 있다.
단풍보다 붉은 계곡의 물소리,
그 속에서 탁주를 들이키는 선비,
낙관과 함께 꿈틀대는 호탕한 웃음소리,
손바닥만 한 공간에 온 누리가 들어있다.
곳곳에 길이며 산이며 마을이 있고,
하늘 곳곳엔 해며 달이며 별들이 알알이 박혀 있다.
떠나려는 선비 일어서지 않는다.

사연들의 기지개

그냥 잠자는 거지, 고된 계절은.
왕년의 삶은 내려놓을 줄 알지.
덮고 덮어 다 잊어도,
지나간 사연은 소리 없이 돌아오지.
돌아온 사연은 새로운 사연으로 시작되지.

달래보지도 못한 사연,
보여주지 못한 속내가 이리도 아파 다 드리려는데,
부끄러운 얼굴 분홍으로 아름다워 발길 움직이지 못하는데,
풋풋한 당신보다 더 사랑한다는 맵자한 모습인데,
쑥쑥 자라 쑥대밭이 되었는데,
기어이 눈물샘 반짝이는데,
자신의 몸을 데워 행복을 비는데,

사연은 사연으로 다시 시작되지.
달래, 냉이, 진달래, 개나리, 쑥, 씀바귀, 복수초,
툭툭 털고 나오지.
땅 속 사연은 묵직하여 건져 올릴 수 없고,

묵은 사연은 그냥 묻히지.
그저 택한 길을 따라 상기된 얼굴 삐죽 내밀지.
천지가 분만하는 햇살에
바람 포대를 살살 감아 나르는데
향기에 취하지.

원미 진달래

김장환*의 궁촉이 날마다 설레더니
기어이 진달래 가슴에 과녁으로 꽂는다.
차오르는 숨결로 꽃술은 달아오르고
가라앉는 숨결은 허공에서 파르르 떤다.
어설픈 줄기로 사방에 거적으로 널렸다가,
연못의 파문으로 번지니,
오롯이 입술 내미는 발칙함이 원미산을 뒤덮는다.

젖망울은 시위의 촉이었나.
날아간 모두가 두견새의 피울음 되고
그건 소래바다의 사무침이 되어
멀어질수록 아름다워지고
기어이 항구를 짜게 절인다.
깃발 세우고 떠난 한 점의 바다꽃,
청명곡우 한철에 붉은 속살 쏟아내니
하얀 소금바람이 실려와 서걱대며 뒤엉킨다.

인고의 시간은 물들어 가고

끝마다 터지는 황홀함이 지천으로 붉다.

* 김장환 : 1971년 9월 13일 제47호 무형문화재로 지정되었으며 활을 만드는 궁장, 화살을 만드는 시장을 합하여 궁시장이라 칭호되었으며 부천군 부내면 신대리 출생. 1984년 작고.

연인이고 싶어

삐죽이 내민다.
색깔과 리본이 초꼬슴되어 달보드레.
기념을 핑계한 마음이 숨고,
벌컹대는 마음은
윤슬에 숨는다.

간이역 봄바람

바람이 놀고 있는 간이역
옆 내 햇살이 오른 버들가지
물소리 간질이면
친구들 웃음소리 가지마다 매달리고
밭머리 끝 솟아오른 종다리 소리가
기적소리에 실려 간다.
뭉개지는 바람 틈으로
일순, 풀향기 단내는 파고들고
윙윙대는 귓불 바람놀이에
햇살은 따박따박 발길 옮긴다.

고목

겨울에는 모른다.
싹이 터도 여전히 모른다.
누가 실눈을 살짝 깜박이면 그게 신호다.
이젠 머리카락 보여야 해.
우르르 몰려나오네. 더욱 돋보여야 해.

살아야만 했지. 버틸 만큼만 먹고 살뜰히 모았지.
강풍이 덮칠 땐 몸을 아예 맡기고,
우듬지 끝자락이 얼어버릴 땐 핏줄을 막았지.
눈보라 끝없이 몰아칠 땐 아예 소리 내어 울었지.
햇수만큼 눈물은 쌓이고, 피부는 말라 들어갔지.

파란 하늘에 녹색 이파리 들이대며 장난질 하네.
새들이 깔깔대며 내려앉네.
씨눈이 가지런히 햇볕 되어 돋아나네.
마을의 역사가 다시 피고 있네.

목련이 피려는데

도시가 운다.
파도가 치달으며 통제되지 않는 연판장이다.
겨울은 추웠으나 울음은 무섭지 않았다.
실눈을 뜨는 목련에게 이런 헛매질이라니,
바깥세상은 고요와 평온을 가장한다.
심장이 펄럭이는 소리를 듣는다.
해는 들락날락 분주하지만 초조함만 더해진다.

포플러 늘어선 시골길에는
전신주도 함께 늘어지니 자연스럽다.
들짐승들 울음소리 흔들리지 않고,
십 리 길을 걸어도 모두가 한몸이 된다.
걸음마다 종달새가 화답하며 따라온다.

간밤 도시의 빌딩은 더욱 울어댄다.
아직도 도시의 트라우마다.
온다. 온다.
목련아가씨가 온다는 연판장이다.

때죽나무

유독 게으름에 때를 묻혀 산다.
반질반질한 동자승이 떼로 매달려 있다.
물고기가 향기에 떼로 기절하기도 한다.
참 멋쩍다.
봄이면 화사한 종소리로 바람을 울려
그 소리 하얗게 물결이 된다.
물결 흩날리어 밀려난 자리에는
소낙비를 거부한 색깔을 이어간다.
검다는 건 위장이다.
가을에는 가지마다 스님 말씀이 걸리고
절간의 겨울은 산의 속살이 되어
어느 때고 봉양하는 울림이 된다.
커다란 둥치에서 잘려나간 가지가
싸리처럼 달게 타오르면
연기마저 타버려 눈앞이 환하다.

| 제2부 |

세월 바라기

세월 바라기

까마귀 소리에 마을이 텅텅 울린다.
소리가 던져진 하늘에 박힌 한 버렁 홍시,
신작로 옆 공터에는 늙은이들 옹기종기,
금강전도, 을묘년화첩, 송정아회, 진경산수화로
정선, 김홍도, 신윤복, 그렇게 찾더니만,
고화와 골동품으로 보호구역이 돼버리고
이후 화가는 고향을 잃어버렸다.
북명 가는 길은 소리 없어
이제나저제나
남명 불어오는 바람에 박씨 소식
가슴 펄떡이며 기다린다.

애기똥풀

그대 발걸음소리 들리네.
체온을 느껴도 볼 수는 없네.
지난 이야기는 아직도 살아 몸속을 휘감아 도네.
사흘 밤낮을 누워있어도 증세는 나아지지 않네.

한 곳으로만 달려가고 있네.
이별은 이별로 받아들이지 못하네.
길섶마다 밟히며 자라더니
지나간 바람 찾지 못하고
보이지 않는 바람을 잡고서 미친 듯이 몸을 흔드네.
바람의 혈흔들만 사방에 널려 있네.
사립문 밖, 아파트, 멀리도, 가까이도,
어머니 옥양목 치마가 온몸으로 감기네.
그건 어머니의 향香이네.
바람의 진동만으로도 느낄 수 있는데,
멀어지네. 멀어지네. 다가오네.

사스레나무

네게로 내가 왔네.
뿌리처럼 선 너는 사스레사스레 떨고 있네.

네게로 내가 왔네.
회백색 몸체에 은빛 햇살을 둘렀네.
무지개 서리 어리어 빛나고 있었네.

네게로 내가 왔네.
풍상으로 피부는 덕지덕지 갈라졌어도
옹골지게 박힌 새 살은 철갑이었네.
네 앞에서는 바람마저 휘어졌네.

네게로 내가 왔네.
나는 비록 웨이하이* 한 곳에 누워있었지만,
네가 서 있는 곳이 내가 누워있는 곳,
항상 너와 나는 한 곳에서 바라보고 있네.

* 웨이하이 : 중국 산동성 해변도시.

강아지풀

절벽보다 가파른
2층 베란다에 자리한 두 개의 화분,
방울토마토 줄기 사라지고 강아지풀이 자리 잡았다.
모기다리 목을 쭉 빼고 강아지꼬리 얼굴,
지나는 발자국 소리에도 꼬리를 흔든다.
무슨 오기로 이곳까지 올라왔는지,
힘든 내색 없이 자리 잡은 폼새가 어색하지 않다.
주인의 빈 마음 채워나 주려는 듯
하늘대는 눈웃음이 반갑기는 하다.
7월 땡볕은 땅을 쩍쩍 갈라놓는데
벌써 분가까지 하고 있다.

삼백육십오

삼백육십오,
흔한 것은 아무도 셈을 하지 않는다.
그런데도 때 맞춰 덤이 있다.

삼백육십오,
구면인 것은
시절을 매번 돌려놓을 수 있다.

삼백육십오,
처음인 것은
영겁을 사용해도 새롭다는 거다.

몸이 놀라 떨리는 것은
그 중에 오늘이 있다는 것이다.

칠보산의 보물

보물을 캐러 오른다. 겨울 아침은 뿌옇고 담담한데 원정대가 되어 전진한다. 등에는 일곱 개의 보물을 캐러가는 등짐이 얹혀있다. 황금수탉을 잃어버려 팔보가 칠보가 되었다는 징벌의 산. 두 번 다시 보물을 내어주지 않으리라. 238m의 동산이 영역의 최고다. 산삼, 맷돌, 잣나무, 호랑이, 금, 범절, 장사가 칠보의 보물이다. 보이는 보물과 찾아야 할 보물. 보이는 보물은 보물이 아니고 찾아야 할 보물은 보이지를 않는다. 황금수탉은 재물, 횡재의 상징, 장서방이 샘에 빠진 닭을 구하니 황금수탉이 되었다. 비늘치 마을* 도적들이 이를 알고 뺏고 목숨마저 앗으니 하늘의 노여움으로 황금수탉마저 크게 울고 죽어, 그 노여움을 풀고자 열리는 음력 사월 초순 산신제가 육백 년을 잇는다. 이름을 잃었으나 보통의 삶을 깨우치게 한 이곳. 칠보로도 이미 성지이다. 가장 기도가 많은데 들어서면 번득이는 눈빛, 섬 짓 하는 오기, 독기 오른 영웅심, 켜켜이 쌓은 한이 용화사에 묻히고 개심사, 무학사, 여래사, 칠보사, 일광사 절 바람에 실타래 풀리듯 사라지니 원정대 등짐 뒤로는 옅은 햇살을 안고 천주교 공동묘지가 나지막이 잠을 잔다.

* 비늘치 마을 : 칠보산 자락 골짜기에 형성된 마을로 토질이 운모[돌비늘]가 많이 섞여 반짝거리는 곳이어서 붙여진 이름이다. 비늘치골짜기는 깊고 풍경이 아름다워 안산사람들이 많이 찾고 있다. 비늘치가 있던 사사동은 조선시대에 광주군廣州郡 월곡면月谷面 사사리沙士里였다가 1906년 9월 24일 칙령 제49호에 따라 안산군 월곡면 사사리가 되었다. 1914년 3월 1일 부령 제111호에 따라 수원군水原郡 반월면半月面 사사리가 되었고 1949년 8월 15일 대통령령 제161호에 따라 화성군華城郡 반월면 사사리가 되었다. 1994년 12월 26일 대통령령 제14434호에 따라 안산시安山市 사사동沙士洞이 되었다.

공주

세상에서 제일 행복하였을 거야. 얼굴, 몸매 다 받쳐주고 얄팍한 상처 하나 찾을 수 없다. 그 미소로 만나는 사람 같이 환해지고 그 몸짓에 따라하기가 마냥 즐겁다.

얼굴에 눈물이 펑펑 쌓여있었고 몸짓에 가슴 아픈 고통이 켜켜이 매어 씻어내고 다듬어낸 걸 아무도 모른다.

꿈의 진행

햇살이 따갑다.
허름한 작업복으로 몇몇이 구부정하게 지나간다.
바지에 국물 자국이 다 마르지 않았다.
어릴 적, 책에서 본 총을 겨눈 빨갱이가
몇몇인가 끌고 가던 삽화가 떠오른다.

빵빵대며 빛이 튀는 리무진이 스쳐간다.

백 년이 지나도 가로수는
대를 이어 지나가는 모습들을
일없는 듯 지켜보고 있다.

통증

철길에는 깔아놓은 추억이 놓여있습니다.
따배기*굴을 나서면 꼬리가 들어가고,
꼬리가 나오면 머리가 들어섭니다.
돌고 돌며 깔린 추억이 산더미인데
곧은 철길에 또 추억을 놓고 있습니다.
해가 뜨거나 달이 뜨거나
뜨지 않은 날도 마찬가지입니다.
무수한 추억이 만들어지고 있습니다.
그래도 모자란다고 해와 달은 또 뜨고 있습니다.
해와 달과 밀애를 하며 긴 몸을 감아올립니다.
쌓여있는 추억이 해와 달에 닿아있고
주인 잃은 추억들이 혼령으로 포개집니다.

가슴을 찢는 아픔이 아직도 덜덜대고
방울이 된 눈물은 떨어지길 머뭇거리는데
다들 추억을 만들지 않았다고 합니다.
새로운 사연만이 남아있습니다.
하늘을 엎어서라도 해와 달과 땅에 있는

모든 추억을 털어내야 합니다.
치매가 온다 한들 피할 이유가 없습니다.
그래도 독하게 매달려 있는
떼어낼 수 없는 문제는 있습니다.

* 똬리굴의 경상도 말.

비어버린 도시

내달리는 소리, 무작정 울리는 경적 소리, 쿵쿵거리는 공사장 기계 소리, 다급하게 배달 가는 오토바이 소리, 야채장수의 찢어지는 확성기 소리, 골목마다 아이들 왁자하게 몰려다니는 소리, 슈퍼마켓 계산대 쉼 없이 철컥거리는 소리,

끝없이 헐떡인다. 티브이의 격앙된 진행자 목소리가, 세숫물 퍼붓는 소리가, 세탁기 돌아가는 소리가, 청소기 휘두르는 소리가, 숨이 끊어질 듯하다.

천장을 바라보다가 발 들어 벽을 내지른다. 소파에 누워보고 화장실에 박혀도 본다. 아무것도 기억할 수 없고 기억 자체가 싫다. 시간이 나를 태질한다. 한 사람이 도시를 떠나니 도시가 텅 비어버린다.

곶串

—수박

붉은 심장은 열정을 빨아들인다. 차곡차곡 속이 타들 적마다 줄지어 검은 점이 박히며 세상을 배운다. 뙤약볕과 마른번개, 비바람 속에서 개미와 벌레와 두더지와 얽히고설키며 인내한 만큼 가슴은 둥글다. 개미가 기어오르고 두더지가 올라타고 동네꼬마가 안긴다. 푸른 뙤약볕은 싱싱한 몸을 더 미끈하게 만들고, 마른번개와 비바람은 잎을 때려 옹골차게 지켜준다. 번지고 번진 눈물덩어리가 단내 나는 붉은 심장을 만든다. 눈물이 단물이 될 때까지 함께해 온 삼신할미께 감사한다. 단단한 몸뚱어리에 들어 앉아 나를 부숴버릴 용기 있는 자를 기다린다. 예리한 칼날이 몸속으로 파고드는 순간, 이제껏 버텨온 인고는 순식간에 부서져 버린다. 잘 가꾸어진 여인의 소리가 난다.

욤 키푸르 작전

나의 기습작전은 사흘간이다.
대비하는 것은 나를 방어할 틈을 줄 뿐이다.
침투하는 단세포적 유혹에 나를 뺏겨서는 안된다.

전운이 감도는 첫날이다.
가벼운 흥분으로 긴장한다.
물 한 모금으로 첫날이 무사하니 대견하다.
기습작전은 욤 키푸르의 용사가 된다.

둘째 날 이스라엘의 반격은 용사의 허기를 더한다.
배에서 발사하는 가스탄과 입으로 뿜어내는 초산탄,
물을 아무리 채워도 혀는 계속 타들어 간다.
잘못이 있으니 속죄해야 한다.
침몰의 비명이 느껴지며 나는 나를 알아간다.

셋째 날 비겁하게 나도 모르는 속죄를 했다.
평온이 감돈다.
허기도 평정되고 마지막 협정조인식만 남는다.

넷째 날 드디어 전쟁은 종식되고 원상복구를 시작한다.
내가 나를 알겠다.
라마단이 슬금슬금 지평선을 기어오른다.

독감

콧물이 흐르면 쓸데없이 남는 시간들은 지린 추억으로 뒤엉킨다.

부넘기를 달군 열이 솟아 이불을 감아도 보고 파묻어도 본다.

거듭되는 가래. 목이 끊어지듯 숨이 칵칵 달라붙으니 가슴을 냅다 두드린다.

앉았다가 누웠다가 굴렀다가 뒤집었다가 눈알이 튀어나오고 다문 입이 벌어진다.

맥 빠지는 신음소리. 그녀에게 다랑귀를 뗀 날 돌아온 증상이다.

죽을 줄 알았는데 멀쩡하게 다시 돌아온 건 약발 때문만이 아니다.

새벽

사방은 0.2의 시력으로 흐물거린다.
홀로 깨어있는 어설픔.
달빛은 힘을 다하였고
바람 또한 오간데 없다.

계단을 내려가는 발자국 소리가
연못의 파문처럼 도드라진다.
단지 내딛은 첫 발이
세상의 가장 큰 소리로 울리고 있다.

버즘나무

거리에 꽂힌 가지등이다.
겨울에는 보이지도 않더니
봄 깨나른한 오후에 어른거림을 시작한다.
바람이 잦아들고 한기가 가벼워지면
목련송아리 거풀막이 살며시 벌어질 때쯤,
보인다.
하늘을 고정한 반자틀 가지대 앙다물고
달랑달랑 방울을 내건다.
버렁 가득.

하늘의 가슴 사이 뻥 뚫린 곳으로
저마다의 우주를 매단 소식이 전달된다.
거리의 이름이 되어 숲을 떠났으니
어깨를 나란히 하고 도시를 마무리한다.
신풍*, 자신을 벗겨내는 일이
풍요를 만드는 숙명이 되어도 까탈은 없다.
버짐 번지는 건기에도 물을 뿌리며 천식을 삼킨다.
겨울을 지키기 위한 갈증이다.

* 신풍 : 플라타너스 또는 버즘나무를 신풍나무라고도 한다. 성경에서 야곱이 신풍나무의 껍질을 이용하여 아롱신 새끼 양들을 많이 태어나게 하였다 함.

바르셀로나의 융합

지중해 항구가 햇살조각으로 반짝거린다.
이 길은 이사벨이 콜럼버스에게 내어준 길.
스페인은 길을 열었다.
람블란스거리는 세계의 거리,
스치고 비실대고 굴러도
모두 함께 되는 자유의 거리다.
미친 도시가 융합의 땅이 된 건 가우디의 몫
그는 하늘을 옮기고 선택된 자를 찾았다.
광기가 광기가 아닌 것이 이 도시의 여유다.
100년이 지나
선택된 자를 위한 곳은 보통사람을 선택하였고,
세상이 이 도시를 선택하였다.
세계의 이름으로 황영조도 몬주익에 머무니
신대륙에 몸을 풀은 이사벨은 아직도
세계를 잉태하고 있다.

먹이주기

집 앞 은행나무가 새벽부터 요란하다. 어젯밤 우라지게 처먹은 술판이며, 옆집 철이아빠 승진얘기, 순이엄마 바람난 얘기, 참새무리에 박새까지 끼어드니 분명 엿들은 게 맞나. 한 놈 튀어나와 이쪽 베란다 난간에서 용맹함을 자랑한다. 몇 놈이 따라 한다. 친해지고 싶어 쌀과 좁쌀을 몇 줌 화분 위에 뿌렸다. 한 놈 다녀간 후 떼로 몰려온다. 닫힌 유리문 너머로 은밀한 엿보기 즐거움. 문득 그들과 대화를 나누고 싶어 더 많은 쌀과 좁쌀로 구애를 한다. 숨죽이며 유리문을 제치고 기다리는데 드디어 한 놈 오더니 열린 유리문 사이로 느낀 인기척에 깜짝 놀라 후드득 가버린다. 그리곤 어느 놈도 오지 않는다. 외출 후에 급한 마음으로 화분 위로 달려가니 말끔하다. 은행나무에서 멍청한 놈이라고 저들끼리 깔깔댄다.

정물화

언제나 줄서기다.
단지 공간을 위해 자리한다.
삶이란 질겨서
수시로 앓아보고 희멀건 뱃가죽을 드러내면,
평시 관심 없다가도 목줄을 살려낸다.
이럴 거면 차라리 떠나게 내버려두지.
가끔 싫증이 나면 줄서기를 바꾸고
내 생의 서열은 또 한 번 소용돌이친다.
화분의 삶이라도 치열하다.

책들이 놀고 앉아있다

역사, 문학, 교과, 족보, 사전, 취미, 어학 줄지어 바라본다. 한국한문고전강독, 오언칠언당음五言七言唐音은 학창시절의 흔적이고, 실전볼링교실은 그녀와의 연애놀이였다. 60년대 최신팝송은 꿈의 세계를 안내했고, 우드스탁* 은 동경의 세계를 만들었다. 어깨 너머 기타교실은 방출구가 되었고, 안현필의 영어실력기초는 평생 밑천이 되었다. 세월 따라 책들도 분갈이 되고 모종이 바뀌었다. 우리 시의 발전방안에 꿈풀이가 따라왔고, 도시녹화교육에 당구기술교본이 굴러왔고, 팀장리더십에 백세건강이 힘주어 왔다. 그럴싸한 장식용 제목에는 화장실에서 웃는 얘기가 킬킬대며 함께 했다. 어느샌가 터줏대감이 눈길마저 거부한다. 세월이 삭아드는 소리가 닫힌 창문으로 달캉거리며 파고드니 누런 몸뚱이로 지혜를 뽐내는 건 이제 포기한 모양이다. 적당히 자리잡고 놀고 앉아있다.

* 우드스탁 페스티벌woodstock Music and Art Fair은 1969년 8월 15일부터 3일간 뉴욕주 북부 베델 근처 화이트 레이크의 한 농장에서 '3 Days of Peace & Music' 이라는 구호 아래 음악 페스티벌이 열렸다.

레코드

꿈이 소리로 흐른다. 아치스의 슈가슈가는 그대에게 눈뜨고 필링소우굿은 절정에 이르렀다. 박인수의 봄비에 그대와의 흐느낌을 알았고 존 덴버의 록키마운틴하이로 눈은 다시 빛났다. 키메라의 신천지 얼굴은 팝페라의 대명사가 되고, 모차르트의 피아노곡은 아침커피가 필요한 이유를 알려주었고, 베토벤은 운명처럼 사색에 머물게 했다. 지금은 레코드 안에 들어앉아 버린 꿈, 언제나 소리로 꿈을 만든다. 아버님의 18번 유정천리도 한 때의 꿈이었을 터. 내가 살아온 길이 레코드 안에 들어있다. 까맣게 돌고 돌아 결국은 작은 점으로 돌아간다. 하얗게 바뀐 시디에서 인생 뭐 별거냐고 소리가 흐른다.

| 제3부 |

꼭지점

봉이 김선달

생수를 사고팔게 될 줄은 몰랐다. 이젠 생수를 사고파는 것이 당연하다. 누룽지를 사고팔 줄 몰랐다. 그러니 햇반을 사고파는 것은 당연한 일이다. 장사가 아닌 게 장사가 되니 이건 봉이 김선달이다. 도로 빈터마다 가판이 서고, 사람이 모이는 곳마다 포장마차가 자리 잡고, 터 잡아 주고 챙기는 건 최고의 기술이 된다. 나라 땅을 나라 백성이 쓴다지만 괜한 사람이 철퇴를 맞기도 한다. 애초에 내 것도 아니고 네 것도 아니어서 자리 잡아 버티기만 하면 내 것이 된다. 봉이 김선달이 늘어난다. 달로 가자, 달로 가자. 계수나무 미리 찍고 토끼들 죄 몰아 팔아도 한밑천 되겠다. 달로 가는 차편이 넉넉한지는 모르겠다.

꼭지점

서 있는 몸이 기우뚱하네요.
힘든 게 아니에요.
저 봐요.
저기에 누더기로 앉은 게
너무 힘들어 보이네요.
옆에 작은 깡통이 앉아있네요.

서너 발을 걸으면
곧 쓰러질 것 같네요.
힘든 게 아니에요.
저 봐요.
저기 긴 의자에 낙엽처럼 누운 게
너무 힘들어 보이네요.
곁에 소주병이 누워 있네요.

결국은 쓰러지네요.
힘든 게 아니에요.
저 봐요.

저들이 일어나고 있어요.

유령이네요.

뒤통수로 휑한 눈이 보이네요.

뱃속이 지하도였다가 나뭇잎이었다가,

바다가 되네요.

그냥 출렁 출렁대네요.

어지러워.

앞으로 가나요, 뒤로 가나요.

당신은 힘든 게 아니에요.

단지 과음했을 뿐이에요.

이상한 문제

주민센터에 나타난 그 사람, 말투에 꼬깃한 세월이 묻어있는데, 세든 사람의 얘기다. 사라진지 석 달, 밀린 월세는 보증금을 넘었고 문을 딸 수도 없는데, 창틈으로 빨래만 물려있단다. 쉼 없는 얘기에 가리사니를 구하는데 그를 소개한 사람의 주소가 필요하단다. 정보보호란 얘기가 불을 질렀다. 이사한 주소만 알면 되는데, 이게 시민을 위한 자세냐고 호통이 쩔렁댄다. 변호사의 무료상담을 받아보라 달래 보낸다.

다시 온 그 사람, 변호사의 상담이 주민센터에 가서 잘 얘기해 보라 했다네. 법이 있어도 법을 얘기 않는 변호사, 답이 있어도 법이 아니면 안되는 주민센터, 그 사람은 주민센터가 야속하고, 주민센터는 변호사가 어이가 없고, 변호사는 그 사람이 막막하다.

행복하다

2014년 12월 31일 MBC 시사매거진의 여론조사 결과다. 국민 80.6%가 행복하다고 한다. 표본오차 +-5%라고 한다.

대한민국 국민이 이렇게 행복한 줄 몰랐다. 젊은 목숨이 리조트의 천장에 깔리고, 일병은 죽은 숨보다 약한 숨소리로 사라지고, 어디에선 맞아 죽은 것도 통곡인데 시신마저 불살라지고, 어느 항은 바다가 눈물로 가득 채운 꽃이 되었어도. 끝없는 목숨이 헬기와 함께 산화하고, 환풍구 속으로 무더기로 사라지기도 하고, 터미널이 불타기도 하고, 미친 자의 방화로 마지막마저 생명이 턱턱 타 나가도. 소름끼치는 엽기는 토막토막 살점이 결딴나고, 어느 이는 주검이 10년이나 고무통에 담겨지고, 엄마라고 부른 늙은이를 성욕에 살해하고, 시대를 노래하던 마왕은 자신의 노래도 짓지 못하고, 비행기는 땅콩 때문에 되돌아가야만 하고, 문고리 삼인방인지 찌라시인지 나라가 흔들거려도. 그렇다 그런 일이 나에게는 벌어지지 않았다.

익은 아이

아이가 땅콩을 달라 조르네요.
땅콩이 없다고 달래보지만
더 보채네요.
무릎을 꿇고 달래보는데,
아이는 팔을 내젓고 발을 구르며
땅콩, 땅콩, 소리만 하네요.

비행기를 줬어요.
근사한 호텔도 줬어요.
아이는 신나게 놀고 뛰네요.
땅콩보다는 못하지만
어쨌든 신나게 놀 수가 있네요.
땅콩은 잊어버린 것 같아요
이곳에 혼자 머무니
아이가 왕이 되었네요.

다 큰 아이가 땅콩을 달라 하네요.
막무가내네요.

이젠 생리를 하고 숲이 검게 자리하니,
아이를 아이라고 할 수가 없네요.

땅콩을 달라하는데 사람들은 난리네요.
피신한 호텔이 처음으로 무섭네요.
비행기가 아이를 잡아먹어요.
주인을 잡아먹네요.
아이는 빠져나오려고 안간힘이에요.
그를 구하기에는 아이가 너무 익어버렸어요.

왜 그래야 하는지도 모르고 리모콘이 되네요.
영혼을 잃어버렸어요.
아이는 정말 하고 싶은 얘기가 있어요.
왜 이래야 하는지 아직도 모르고 있어요.
고개 숙이고 치켜뜬 눈이 섬뜩하네요.
맞아요.

정리해고

서촌말 길 따라 녹지에
개망초꽃이 널려 있고 필 수 있는 꽃은 다 피었다.
지나가는 사람 눈길 홀리며 영토가 푸르게 넘친다.
풀내음에 머리는 환각처럼 들뜨고,
옆 와디로는 빗물을 받아두니
비온 뒤 두꺼비가 영토를 호령한다.

이따금 지나는 전철은 철없이 풍경을 무너뜨리고
숨은 벌레는 이골이 나 시간을 재울 줄 안다.
가끔씩 남실바람을 안고 오는 새와
팔랑대는 길을 따라 포근하게 하늘대는 나비,
애써 무료함을 털듯 터를 옮겨보는 방아깨비.
실잠자리, 여치, 풀무치, 삽사리, 찌르레기, 베짱이, 쌕쌔기,
풀벌레의 끝없는 놀이터다.

사정없이 제초기 도는 소리에 풀들이 잘린다.
숨은 벌레도 마구 잘린다.
피 내음이 지독한 풀 향기로 번져온다.

사방이 입을 다문 저녁
식솔 잃은 풀들이 같은 키로 남는다.
풀은 제멋대로이어야 풀인데.

개니까

개똥밭에 개들이 모였다. 폼 나는 개들이 폼 나게 똥을 싼다. 개똥이 사방에 가득하니 우두머리개 기름진 밭 만들자고 한다. 개들이 환호한다. 컹컹, 캥캥, 깽깽,

이전 우두머리개 열 받는다. 우두머리 복위 기회 영영 사라지나 싶어 따까리 불러서 음모를 꾸민다. 우두머리개 눈치 채고 회의를 열어 따까리 하루 한 끼로 식사를 제한한다. 이전 우두머리개 나는 모르는 일이라며 보란 듯이 폼 나게 똥을 싼다.

이전 우두머리개 다시 따까리 불러 음모를 꾸민다. 따까리 영원히 추방되니, 이전 우두머리개 나는 모르는 일이라고 폼 나게 똥을 싼다. 우두머리개 모르는 체 껴안으니 이전 우두머리개 다시 기회를 노린다. 그 사이 개똥밭은 기름지고, 단내 나는 참외가 주렁주렁 열린다.

무병시대

아프다는데 발만 동동 구른다. 함께 아파야 하는데 발만 동동 구른다. 몹쓸 병보다 더한 병이라 의술로는 고칠 수 없단다. 함께 느끼고 바라보는데 고칠 수 없으니 바늘 끝으로 콕콕 가슴을 찌른다.

장밋빛을 그려내며 내일을 믿자는데 치료 도리가 분분하다. 모두가 옳다 하면 도리일진대 전례가 억장을 잡고 병이 도질까 날을 세운다. 아프다는 자와 치료하는 자가 분별이 없으니 아프면 안된다. 세월만 흐른다.

놈들의 보드놀이

도로 복판에서,
세워둔 자동차 바퀴 옆에서,
가로 화단 위에서,
가댁질을 한다.
한 놈이 쫓으면 한 놈이 도망가고,
쫓긴 놈이 쫓으면 쫓은 놈이 도망간다.
상하좌우 거침없이 휘젓는다.
놈들이 도로를 놀이터로 만들었다.
달리는 차는 아슬아슬하게 비켜가고
삶은 행운으로 담보된다.
힘찬 날갯짓은 이미 높이 날기를 포기하고,
도로를 가로 지르거나 달리는 차를 마주하며,
아슬아슬하게 파도타기를 한다.
유령처럼 대들며 배설로만 말한다.

새들이 게임을 한다.
공중제비돌기, 파도타기, 직진 하강하기 죄다 뽑아든다.
새들의 심장이 콘크리트로 채워지고

심장은 부딪히면 한날 부스러기가 된다.
가로수를 외면하고 십자가에 앉은 어미새가
물끄러미 도로를 바라보고 있다.

경계측량

튀어나온 입술로 땅가름 한다. 자기 땅도 아닌데 시비다. 막다른 골목 입구, 골목의 경계가 시비 대상이다. 이들은 같은 골목 사람이었다. 골목을 지나면서 인사를 건네기도 하고, 술 한 잔을 나누기도 했다. 화풀이의 크기가 경계측량으로 돌아왔다. 어디에 가 있던 경계를 요구당하고 경계를 정리해야 하는 세상이다. 경계라고 의심되는 곳에는 울타리가 자리하고, 그 울타리는 이유도 없이 경계를 알아야 한다. 너와 나, 내 것 네 것, 이곳저곳 경계가 있다. 경계를 위해 시간을 쏟아 붓고 경계를 위해 몸을 던진다. 경계가 주저앉아 버리면 내 것 네 것을 위해 쏟아 부을 것도 없는데, 경계를 만들기 위해 자신을 바친다.

경계측량이 한 치도 없이 너와 나를 냉정하게 만든다. 해서는 무거운 일이 경계를 서서 지켜보고 있다.

카메라

사물이고 사람이고 걸리면 끝이다. 눈이 몸에 비해 커지게 되면 순간을 보는 재주로 버텨야 한다. 눈을 키운 자는 우스꽝스러운 모습 아랑곳없이 세상을 벗기고 하늘마저 벗기고 있다. 벌거벗은 꼴은 미끈한 지렁이다. 부드럽기는 여우의 털이라 해도 숨겨진 마지막 내장을 도려내는 건 눈이다. 심호흡하고 애를 건져먹은 나는 더욱 커지는 눈에 입맛을 다진다. 심장을 꿰뚫는 눈을 가졌고 가슴살이 몇 개인지를 알아내고 가슴에 박힌 도리깨의 박동수를 그려낼 수 있다. 영혼은 이제 새로운 은신처를 찾아야 한다. 눈이 예리해지면서 점점 괴물이 되어가고 있다. 영혼과 실재를 속이기까지 한다. 예전의 나는 흐리지만 따듯한 눈이기에 추억이라고 했다. 그 추억이 공포의 대상이 되었다. 오늘은 강한 놈이 나타났다. 발아래서 검은 놈이 전봇대에 다리를 쳐드는데 또 한 놈이 달려 나와 거리낌 없이 들러붙는다.

하루

천지가 암흑인 건 별이 없는 날 알게 된다.
암흑은 없는 것의 다른 말이다.
없는 것이 스스로 시간을 쏟아낸다.

하루라는 벌레가 땅속에 숨어있다.
꿈틀대며 모습을 드러내면 새벽이 온다.
어디까지가 새벽의 얼굴인지 모르는 새벽이 온다.
점점 뚜렷해지면 얼굴을 씻고 매무새를 챙긴다.
어디까지가 아침의 얼굴인지 모르는 아침이 온다.
죄다 쏟아부은 세모 네모 동그라미가 바쁘게 돌아갈 때
오전을 벗 삼아 오후가 온다.
그 열정 달구어도 보고 총 쏘듯 튕겨 보기도 하고,
그래프가 그린 높이를 대견해 하기도 하지만
서서히 거두어들이는 어둠 속으로 잠기게 된다.
끝내는 모든 것을 먹어치운다.

귀찮다고 새벽에서 오후로 간 적이 없는
열불이 나서 아침에서 저녁으로 건너 뛴 적이 없는

새벽과 오전 사이에 오후를 끼워 넣지도 않는
영겁의 시간이 하루마다 쓰러진다.
우리는 그 벌레를 밟으면서 촉수를 놓친다.

어거지

어거지도 정도가 있다는데,
말도 안 되는 어거지 풀어제끼며
왜 모르느냐 고래고래 소리 질러댄다.
어깃장을 부리는 건 심각한 접속불량,
코드를 꽂으면 바로 스파크다.

가만있는 게 장땡이다.
변압기가 터질지 모른다.
골목이 휘어질 만큼 터지는 소리는
밤길의 온도를 1.5도나 올려놓았다.
골목길 지나는 사람들 재미로 흘끔대지만.
장땡으로 마무리하려던 부처 씨 영락없는 죄인 된다.
꼬리 잘린 펭귄이다.

위기가 팽창되니,
누군가 달려 나온다.
상황이 육하원칙으로 정리되고
어거지가 더 이상 통하지 못한다.

뒤로 돌아 발길을 옮기는 어거지,
그래도 면面은 세워야겠다는 듯
거칠게 쌍욕을 뱉으며 사라진다.

마을 고속도로

잠이 덜 깬 마을은 회색 하늘과 짝을 이루고 마을 앞 고속도로로는 자동차가 누우 떼처럼 달아난다. 마을이 밝아지면 사자가 맹렬하게 쫓을 것이다. 질주만이 있는 이곳은 이 마을의 유일한 공존이면서 공유되지 않는 곳이다. 수많은 생각들이 마을의 생각을 짓뭉개고 있다.

기러기

죽어서는 살코기로 풍을 다스리고 기름으로는 기를 통하고 뼈를 강하게 하는 효험을 낸다고 했다.

추운 곳에 산다.
낙오자가 생겨도 혼자 두지 않고
고비에는 분연히 일어나는 지도자가 있다.
길이 험하다고 먼 길을 포기하지 않는다.
창공에 갈고리 모양 대차게 획을 긋고
삼만리 찢긴 날개가 끊어질 듯해도
간절히 바라는 소식을 전하니, 안서雁書다.
앉은뱅이 소식 전하는
전설이 아닌 기레기*가 있다던가.
거위는 변종이 되어
삼만리를 포기하고 소리에 매달린다.

* 기레기 : 기자와 쓰레기의 합성어.

밤의 얼굴

달려온 시간들이 땀을 흘린다.
몽당바늘이 힘들게 제자리를 찾을 때
바늘의 긴 허리는 여전히 분주하다.
심뿌리에 여유가 필요하다.
어떤 모습이든 검어야 하고 검게 묻혀야 한다.

검어진 밤 시간이 청아한 자장가를 부르니
달빛이 바쁜 건 아니다.
재잘대던 텃새도 어둠 속에 갇히면
빛을 갈아먹는 곰팡이를 키우면서
빛을 재료로 칼을 갈아둔다.

밤이 검을수록 움직임은 줄기차다.
시계바늘이 바빠지면 자장가 소리는 멈춰진다.
신발 털고 일터로 나가는 순간마다
목을 뺀 칼끝 날을 세운다.

승천

천둥이 칠 땐 거리로 간다. 쏟아지는 비가 있고 세상을 갈라버리는 번개가 있다. 천둥소리에 달이 부서지고 답답했던 주변은 흐르는 강물처럼 시원하다. 온갖 괴성은 하나의 소리 속으로 묻힌다. 그 소리가 세상을 통제한다. 모든 사연들이 땅바닥에 부딪혀 자유로운 영혼으로 흘러들어 간다. 가거라, 모든 영혼들 떠나면 남은 것이 세상을 감당할 것이다.

바다가 몰려온다. 바다가 하늘로 승천한다. 승천의 빗줄기가 대지를 끌어당긴다. 지금은 암흑이다. 하늘이 깨어질 땐 새로운 빛이 만들어진다. 한바탕 하늘의 분열이 끝나면 모든 기억은 사라지고 새로운 시작이 된다. 위안부 배 씨 할머니는 하늘로 떠나고 하늘은 깨어졌다. 하늘 가슴도 기억상실로 인한 통증이 심하다.

열꽃

눈물이 난다. 겨드랑이에서,
가슴에서, 등에서, 발에서,

열꽃이 핀다.
온몸에 뜨거운 열꽃이 솟는다.
뼈가 내려앉도록 걸은 탓이다.
머리가 터지도록 계산한 탓이다.
아무리 걸으며 계산해도 답이 안 나오는 탓이다.

보이는 대로 볼 수밖에 없는 눈,
감을 수 없어, 못 본 체할 수 없어,
열꽃이 핀다.

딱지치기

세게 내리쳐야 한다.
그렇더라도 지렛대 발이 필요하다.

넘겨야 할 놈에 비하면
발이 높아 어림없어 보이지만
쓸모없어 뵈는 돌덩이가
돌다리를 만든다.

치는 순간 세상은
오직 넘겨야 할 대상이다.

변기

남이 버린 것을 먹고 산다.
내 소화력은 대단하다.
다들 나를 가까이하려 않지만
내게로 와야만 한다.

그 누구도 알 수 없는 비밀
가장 은밀한 곳, 가장 감추고 싶은 곳,
버리는 대가로 그곳을 까발려야 한다.
소시민이야 그렇다 치더라도
의원나리, 권세나리, 지존나리,
나를 비켜갈 수 없다.

더러워하면서도 나를 찾아야 한다.
난 그들의 비밀을 갖는 죄로
입 한번 열지 못하고
오늘도 먹고 또 받아먹으며
불빛 반짝이는 눈물로
내 몸을 씻고 또 씻는다.

| 제4부 |

시계불알

시계불알

단 한 번도 경계를 벗어나지 못한다. 늘어나거나 줄어들지도 않는다. 그러면서도 부지런히 지구를 돌린다. 빈틈이 없으나 그네타기 멈출까 내심 불안하다. 스스로 움직인 적 없으니 머물면서 위험하다. 뎅그렁댈 때마다 주변은 덜렁거리기 일쑤이고 쌓인 먼지의 두께마다 긴박했던 옛날이 숨어 있다.

8에 머물 때면 바쁘게 몰아붙이기도 하고, 3에서는 신나게 어깨춤을 추게도 하고, 9로 솟을 때는 황홀하게 해주기도 했다. 그 순간 가장 빛났었으나 가장 허무한 시간으로 돌아왔다. 좌우 경계를 수없이 왔다 가니 세상이치가 영글만큼 영근다. 앙증맞은 바늘이 포개지니 어디선가 함진아비 함 파는 소리가 들린다.

금기

인연을 찾으려 하지.
눈으로, 달짝이는 입술로, 스치는 손끝으로 구애하지.
또 다른 인연도 있지. 본관, 학교, 출생지,
대번에 졸음을 쫓고, 팔짱 낀 팔을 풀고,
마시던 커피가 엉거주춤하며 두 눈을 치켜뜨지.
이게 믿음이고 버팀목이지.
피의 순결로, 까막눈을 함께 연 청춘으로,
돌아만 봐도 숨결이 묻어있는,
가슴이 울렁이고 마음이 달리는데,
무슨 일로 터럭을 뒤집어썼을까. 금기를 만들었을까.

태고부터 우린 스스로 족쇄를 채우고 금기를 만들었지.
그러나 아담은 사과를 먹고 말았어,
프쉬케와 판도라는 상자를 열고 말았어,
오르페우스는 뒤를 돌아보고 말았지.
결국은 깨어질 것들이었어.
없어야 할 것이 있어서 차듯이,
멀수록 신비하고 빛나는 별도 있지.

깡시장

새벽마다 어제의 사연이 산더미이다.
연신 조잘조잘, 짹짹,
한 쪽에서 소리 내면 다른 쪽에서 소리 내고,
한 쪽에서 이야기하면 다른 쪽에서 받아친다.
가끔가다 굵직한 소리 철이 늦은 소리다.
새벽은 그들이 사는 법을 배우는 장터이다.
파는 물건, 사는 물건, 호객하는 장단이 절로다.
지식을 파는 젊은이, 경험을 파는 노인, 족제비 같은 모사꾼, 허공을 가르는 매 눈, 허수아비 알아보기,
살아야 하는 지식이니 버릴 것 없고 신기하다.
몸마저 달아올라 연바람 위문에 장터는 더욱 신명이다.
고마운 손 흔드니 햇살마저 키득댄다.

비오는 날은 장이 서지 않는다.
주인도 손님도 간 데가 없다.
중천 햇살이 쏟아져도 사고파는 소리가 없다.
오로지 새벽이다.
부산한 소리 사라진 때가 궁금하다.

베개

죽어서도 함께하는 삼신할미 봉황이며 꽃이며 복이며 품고서 포근하게 머리 받치고 뒤집어 둥글게 가슴을 떠안는다. 다 갖고 싶어 정녕 내 품을 벗어나지 못해 핏줄 따라 한 몸 언제라도 삼가르고 삼줄 치면 삼신할미 제 할일 했다는 홀가분함에 떠나도 보고 싶다. 평소 눈길 주지 않는 마음 서운하여 골탕 먹이듯 목침으로 뎅굴뎅굴 심술도 부려보지만 늙은 머리엔 이게 더 좋다는 소박 없는 보살핌이 감사하다. 사람의 가장 중요한 것이 위에도 하나 있고 아래에도 하나 있지, 아래의 하나를 위해 언젠가는 다시 기저귀로 돌아오겠지만, 위에 하나 평생을 한 번도 내침 당한 적이 없다. 삼신할미 힘이다.

백년손님

한물이라 빨간 고추를 따는 오후.
이랑 사이 바구니가 더디게 움직이고
밭에 빨려 들어온 땡볕이 고추한증탕이다.
백년건달,
이랑에 있는 듯하더니 감나무 아래로 가 있다.

아가*, 그래 덥제.
장모님이 덮어쓴 수건으로 땀을 닦는다.
감나무 그림자 흔들리니 풀들이 벌렁 드러눕는다.
아가, 그래 한숨 자라.
장모님이 대궁의 고추를 말아 쥔다.
잡아챈 고추가 볕에 달아 꿈틀댄다.

사위는 어디 갔나. 지게를 내려놓는 장인어른.
감나무 아래 흘끔 보고 애먼 소리 뱉는다.
감나무 아래는 뱀이 많제.
백년건달 기겁하여 일어나 비실비실 밭고랑으로 향한다.

* 충청도에서 사위를 친근하게 부를 때의 호칭.

존재의 법칙

잊을 만하면 찾아와 안부를 묻는다. 인사말 대화에도 교감은 뜨거워진다. 에둘러온 시간 따라 에둘러온 만남이 반갑다. 하늘이 티 없다고만 하지 아니하고 대지가 푸르기만 하다고 하지 않는다. 스쳐온 구름이 어떻고 타들어간 초목이 어떻고 그 사연 풀어보는 까마귀 창밖에서 까악까악 목줄을 흔든다. 청운의 꿈을 가져보지 않았으니 청운의 기억도 없다. 널려진 망초가 제 세상인데 민들레 피는 것을 잊지 않는다.

가끔 예전의 바람이 불어오기도 하지만 예전의 바람인지는 알 수가 없고, 줄지어 기어가는 개미는 예전의 개미가 아닌지도 모른다. 아직도 바람은 불고 개미는 기어가고 있다. 우리의 안부도 계속된다. 항상 있어야 할 곳에 있다는 건 지금 순간도 인정한다.

기우 다음은 기대

주민자치센터에 노래 강사가 둘이다. 한 사람은 무뚝뚝하고, 한 사람은 생글생글이다. 한 사람은 듬직하고, 한 사람은 연약하다. 한 사람은 알토톤이고, 한 사람은 소프라노톤이다. 한 사람은 긴 치마이고, 한 사람은 짧은 치마이다. 한 사람은 박자중심이고, 한 사람은 율동 중심이다. 한 쪽은 트로트이고, 한 쪽은 디스코이다. 한 쪽은 어르신 반이고, 한 쪽은 아줌마 반이다.

하나 끌어가기도 힘든 강좌인데 같은 강좌가 또 만들어지다니. 어떤 주민은 노래만 하는 동네냐고 한마디 하고, 한 강사는 한 쪽을 죽이는 게 아니냐고 볼멘소리 한다. 소란스러운 강좌지만 일 년이 넘어 보니 각자의 길로 잘들 가고 있다.

활화산

향단이 있다.
방자가 있다.
짝은 있는데 사연은 없다.

황진이 있다.
서경덕 있다.
짝은 없는데 사연은 있다.

오늘이 있다.
내일이 있다.
짝도 사연도 많다. 보이지가 않는다.

내일이 죽는단다.
천지와 백록담에 불길이 치솟는다.

그의 능력

이파리 냄새가 난다.
글씨가 꿈틀꿈틀 줄기를 만들어낸다.

회벽을 보면
송골송골 굴뚝 연기가 구름이 되고,
어느새 감나무가 몸을 잘게 흔들어 미소를 뿌린다.

방문 창호지에 드르륵 손이 닿으면
긴 담뱃대가 벽에 기대어 있고,
화롯불에 구워지는 감자 냄새가 번진다.
냄새가 뿌연 연기 속에서 톡톡거리면
그가 덥석 튀어나온다.
껍질을 벗겨 건네는 손에서 향기가 난다.

밤송이와 성게

그렇게 냄새를 퍼뜨리더니 일을 저질렀다.
성미가 안 맞아 바닷속 성게 입으로 기어들어
기어이 자리 잡았다.

성게도 회귀본능이 있어
거슬러 거슬러 고향에 돌아온다.
녹색빛 바르고 물오른 기둥 위에 터를 붙인다.

천둥은 하늘의 난봉질이다.
오르가즘에 오른 괴성에 천지가 요동하고,
번쩍이며 터져 나온 속살에서는 정액이
하염없이 쏟아진다.

햇살을 바른 하늘은 평온하다.
바람이 몇 번 찾아오고 벌레의 찬미가 높아지면
성게의 모습은 원래의 모습으로 돌아가고,
털 속에 숨긴 알이 빠끔거릴 때
음부의 피가 다르다는 걸 들키고 만다.

사정없이 내팽개쳐져 구르며 아파할 때
성질 급한 알 잽싸게 빠져나오니 자리가 검붉다.

어느 놈은 귀한 집 제사상으로 올라가고
어느 놈은 다람쥐에게 봉양한다.
어느 놈은 갑옷을 방패삼아 땅속으로 파고든다.
바다로 통하는 길을 찾는다.

커피

진한 향은 연인과의 키스. 처음에는 두려워 지레 잘라버렸으나 끝내는 굴복한다. 황토색, 검은색, 수시로 빛깔을 달리하고, 쓴맛, 단맛, 수시로 혀끝을 희롱한다. 아차, 사탄의 속삭임이구나. 솜사탕 맛이 잔 속에 잠기니 연인의 혀가 밀물썰물로 드나든다.

인생살이

책 한 권을 뽑아드니
확률을 두려워하지 말고 도전하라 한다.
다른 쪽 열어보니
주변을 늘 풍요하게 하라 한다.
호기심에 다시 쪽 열어보니.
누구든 배려하고 이해하라는 말씀,
지는 것이 이기는 것이라 한다.
뒤쪽으로 주르륵 밀어 열었더니,
욕심을 버리라 버리라 한다.
책을 덮자마자
모든 말씀 까맣게 섞여버린다.

데니스 홍

항상 이길 수는 없지만 항상 배울 수는 있습니다. 2007년 미국 국립과학재단이 선정한 젊은 과학자상 수상, 2009년 미국 과학잡지 파퓰러사이언스가 선정한 젊은 천재 과학자 10인에 선정, 2011년 세계최초 시각장애인용 자동차 브라이언 개발, 워싱턴포스터지는 달 착륙에 버금가는 성과라 했다. 그런 그가 2013년 미 국방부가 주최한 재난구조로봇대회에서 예선탈락을 하고 한 말이다.

그는 배움에 대한 욕망을 꿈으로 만든다. 재난구조용, 의료용 로봇개발의 꿈, 요리사가 되는 꿈, 마술사가 되는 꿈, 놀이기구 디자이너가 되는 꿈이다.

일곱 살 때 영화 스타워즈에서 로봇 꿈을 가진 사나이, 돈방석인 휴먼로봇 다윈의 소스를 공개해버린 사나이, 하루가 24시간이라는 게 자신에게 최대의 난제라는 사나이, 가족을 위해서는 시간을 아낌없이 쓰는 사나이, 검은 색 니트에 하얀 셔츠, 청바지를 즐겨 입는다.

〉

홍원서기 원명인, 이제는 데니스 홍, 로봇계의 레오나르도 다빈치로 한국의 철수만큼 세상 사람에게 친근한 그. 불가능, 그것은 그에게 하나의 의견일 뿐이란다.

소록도의 해당화*

20여 년을 가꾸어 온 해당화 두 송이가 소록도에 올랐다. 40년의 세월 피고 피었으니 지는 꽃은 고국 오스트리아로 돌아간다. 튼실한 뿌리로 20여 년을 다듬었건만 소록도에서 꽃이 되는 건 생각조차 못했다. 뿌리 박힌 흙이 다르니 고국의 바람, 냄새, 향기가 꿈에서조차 열병이 되고 눈물은 안개로 뒤덮였다. 소록도의 꽃이 되고자 하니 푸른 꽃잎이 붉어지고 붉은 꽃은 티끌까지 태우니 석양보다 진하다. 해당화는 온화하다. 눈썹이 날아간 그들을 품으니 장갑 낀 손조차 거추장스러웠고 코가 내려앉은 그들을 품으니 모래바람 하나 허투루 대할 수 없었다. 그들을 안전하게 하려니 몸으로 독충을 잡아야 했고, 머물 수 있는 섬을 만들기 위해 흙에서 머무른 손은 굵어진 마디마디가 미소를 엮어냈다. 해당화는 미인의 잠결이다. 햇살이 은은히 번지니 너무 붉어 근접하지 못하고 섬 바람이 온갖 쌩이질을 하다가 잠든 모습에 반해 함께 잠든다. 소록도의 해당화 두 송이가 고국 오스트리아로 돌아간다. 멀어지는 섬은 온통 안개다. 오스트리아 수도원 3평 땅에는 소록도의 해당화가 갈수록 진하다.

* 해당화 : 오스트리아 수녀 마리안과 마가레트를 칭함. 오스트리아에서 간호학교를 졸업하고 바로 소록도로 와 평생을 나환자를 위해 헌신하였으며 아이들의 교육사업, 자활을 위해 정착사업을 하였다. 대한민국에서 훈장을 수여하였으며 고국 오스트리아에서는 대사가 직접 섬을 방문하여 훈장을 수여하였다. '선하고 겸손한 사람이 되어라'라는 경구를 평생의 좌우명으로 살았다.

다랑이밭

가천마을 바다는 곡괭이와 함께 한다.
밤마다 해룡의 울음소리
괭이로 쪼아내며 낮을 넓힌다.
낮의 바닷내음은 다랑이를 품고
바닷비를 휘잡으려 마늘밭이 들어서니.
초여름 감긴 허리들이 매운 햇살로 뒤엉킨다.
멀리 허리가 가는 흔적은 밥이 되고
고깃배의 깃발이 펄럭이는 갈망이 머무른다.
휘어진 허리는 대를 이어 터를 지키고
바다와 햇살로 말씀이 된다.
비릿한 용포자락 사이 속살을 내미니
귓속 바람이 살랑대며 밭 허리를 감는다.

4월의 낮달*

굳이 거리가 없다.
서리서리 무너지는 11월은 낮달이 더 드러나지만,
4월의 낮달은 무성한 꽃에 묻힌다.

언젠가는 드러나는 거리
모습은 상상하는, 상상하지 못하는,
벚꽃이 미치고, 복사꽃이 덩달아 미치고,
물속에는 바람마저 미쳐 도는 4월의 소용돌이
퍼부어대는 꽃향기 햇살로 버티고 있다.

11월의 낮달이 떠나는 가을은
얼굴을 닦아도 창백하고 시리지만,
꽃향기에 가려진 4월의 낮달은 고요하다.
바라볼 수 있어 위안이라는 그대
빈 마음으로 지키고 있는 거다.

* 조경숙 시인의 '11월의 낮달'에 부치다.

마드리드 유람

톨레도의 영광을 앗아
하늘로 땅으로 길을 열었다.
마요르광장에 장식된 수많은 사람들
왕궁 앞에는 사의 찬미가 울려
알무데나대성당에서 돌아다니고 있다.
프라도에는 과거가 채집되어 있고
소피아에는 현대가 농축되어 도시를 받친다.
돈키호테의 용맹이 하늘에 이르러
스페인광장은 그를 올려보아야 한다.
삼성은 그랑비아 네거리에 농치듯 솟아있고
신마겔광장의 오후는
화형식 내음이 벽을 타오르니
사방이 그들의 안녕을 내려다보고 있다.

마드리드를 감아쥔 고속도로 바깥은
차마 질주하지 못하는 나를
낯익은 손톱달이 꽂히듯 나를 박아놓고 있다.

알람브라궁전의 환생

그라나다의 새들은 빨랐다.
어둑 하늘에 빛의 낌새를 보이니
자명종이 울리며 서로를 일으킨다.
새벽을 지키지 못한 날 이슬람은 무릎을 꿇었고,
이후 새벽은 새들의 몫이 되었다.
화려한 왕궁은 욕이 되고 모든 기억이 무너졌지만
부끄럽지 않다는 걸 오늘에 알린다.
유럽, 아시아, 아프리카, 아메리카,
지나치게 빛난 그들이기에
아픔마저 세계문화유산으로 받아들인다.
이슬람은 잃었지만
그들은 역사로 사는 법을 남겨두었다.
뺏은 자는 아무것도 뺏은 게 없다.

재래시장

정이다.
수많은 말과 야단법석으로 무질서가 걸쭉하다.
만나는 가슴에는 세상얘기 한창인데
자신이 답인 요즘 사람들 마트로 몰리고
사라진 정만큼 오그라들었다.
고심한 공부公夫의 역작 현대화 사업.
모르는지 또 다른 요즘 사람들은
수고를 마다 않고 모란, 정선을 찾아가고 있다.

벽

벽은 보호한다. 끈끈한 더위와 매정한 추위, 소음과 정적, 음모와 고자질, 사랑과 불장난.

공간을 가진 자들. 글을 쓰는 자는 벽의 노래로, 노래를 부르는 자는 벽의 글로, 벽을 뚫고 벽을 잇는다. 안과 바깥이 서로 얘기를 나누어도 벽은 모른 체한다.

벽은 문으로만 통한다. 산 자의 통로다. 땅속의 벽은 땅 위로 문이 난다. 죽은 자는 땅속으로 벽을 만든다. 그 벽은 문이 없다. 마지막 거만이다.

벽은 충성스럽다. 벽은 배반을 하지 않고, 배반을 한 벽은 벽이 아니다. 벽 안에 자신만의 세계를 쌓고 벽으로 믿음이 엮여진다.

벽은 안과 바깥이 숙명이다. 바깥은 기대도 있고 술수도 난무하다. 바깥의 세계는 너무 커서 까발려진다. 밖에서 본 그 벽의 바깥이 궁금하다. 벽에 기대어 산다. 온갖 비밀이 쌓인다.

[해설]

부조리한 세상과의 불화, 그리고 동행
—정무현의 시세계

최광임 | 시인·두원공과대 겸임교수

1. 재생의 힘과 경계의 현실 인식

고향이란 의미는 순수한 유년으로 통칭된다 해도 과언이 아니다. 과거이자 현재이며 기억이고 따뜻한 추억이 있는 곳으로 훼손되지 않은 건강한 것들이 존재하는 곳이다. 언제 어느 때 마주하더라도 낯설지 않고 익숙하다. 마치 서랍 속의 은밀하고 오래된 공간처럼 누구에게도 함부로 손 타지 않으며, 서랍의 주인조차도 자주 들락거리지 않는 아주 한가하고 적막한 곳이다. 어느 특별한 날 무언가 그립고 까닭 없이 쓸쓸할 때 습관처럼 찾게 되는 곳, 어머니의 품과도 같은 그곳이 고향이라는 의식공간이다.

그러므로 고향이라는 공간은 지리적이며 동시에 시간성을 지닌다. 공간이 지리적, 물리적으로 고향이거나 어머니의 품이라면 시간적 공간으로는 유년의식에 해당한다. 그 기억은 수시로 재생되는 것으로써, 지금 여기와 거기 또는 순수 과거와 변절한 현재로 구분된다.

다시 말해 이항대립의 구조를 띄는 것이라 할 수 있다. 장소이든 의식이든 온전한 곳(것) 대 훼손된 곳(것)이란 대립구조로 구분돼 나타나는데 이때, 온전한 곳이란 순전히 의식의 공간에 자리한다는 특성을 지니게 된다. 이 또한 현재라는 시점에서 본다면 과거의 그 은밀한 곳은 이미 현재로 인하여 망가지고 사라진 곳에 불과하다. 어디까지나 시인의 의식에 온전한 곳으로 인식되어 있을 뿐인 것이다. 정무현의 시들에서도 고향 즉 유년의 순수한 기억은 도시 건설이라는 꿈의 재생에서 개발로 훼손되어 사라진 공간의 현재로 현현된다. 모순되고 부조리한 세상에 대한 인식이라 할 수 있겠다. 즉, 정무현 시의식의 출발인 셈이다.

멀리서 바람을 타고 오는
풍금소리는 교정의 웃음이었다.

태양은 시뻘겋게 달아올라 머물기도 했고
구름은 검은 보자기를 펴고서 바쁘게 지나갔다.

온통 교정이 적막으로 잠길 때에는
기어이 참지 못하고 세찬 물세례를 퍼부었다.

풍금소리는 시인을 만들고,
음악가를 만들고, 건축가를 만들고,
마침내 도시의 꿈을 만들었다.
풍금 타는 선생님은 천사였다.
악동들은 천사와 결혼하고 싶어 했다.

도시의 꿈이 이뤄진 날
천사는 날아가고,
풍금도 사라지고,
악동들은 모두 다른 세상으로 떠났다.

—「풍금소리」 전문

사실, 현대인에게 고향은 사라진 지 오래다. 1920~40년대의 일제 식민지 하로 거슬러 올라갈 수 있겠으며, 6,70년대 도시개발로 인한 농촌 공동화 현상과 도시빈민의 탄생은 현대인의 정처 없음을 가속화 시켰던 것이다. 이어 8,90년대의 도시화와 2000년대 이후의 세계화에 이은 현대인은 그야말로 지리적 공간으로서의 고향이란 의미를 상실한 체 신유목민이 된 셈이다. 이때, 지리적 공간의 의미는 약화되었다 하겠으며 시간적 공간의 재생은 훨씬 자유롭다 하겠다. 매체의 발달이라는 문화적 변화가 가장 큰 요인이겠으나 무엇보다 사람의 정서는 문화의 변화추이를 따라잡지 못한데서 오는 정체감 내지 소외감이 지금 아닌 과거의 상처 없는 시절을 길어 올리게 하는 요인이라 할 수 있다. 정무현이 시간적 공간에 머물고 그 기억의 공간을 재생하는 것도 같은 맥락인 셈이다.

이때, 정무현의 유년의 공간도 전형적인 이항대립의 구조를 지니고 있다. 태양과 구름, 적막과 물세례, 천사와 악동, 이루어진 도시의 꿈과 이루어지지 않은 도시의 꿈이 길항함으로써 화자의 추억 속의 유년은 더없이 순수하고 활기로 가득 찬 곳이었음을 재생해 낸다. 붉은 태양과 검은 구름의 심술까지도 순수하고 정겹게 그려지고 있는 것이다. "도시의 꿈이 이뤄진 날/천사는 날아가고,/풍금도 사라지고,/악동들은 모두 다른 세상으로 떠났다."에서 알 수 있듯, 정무현의 시의식은 도시의 꿈이 이루어진 것에 방점을 찍는 것이 아니라 날아가고 사라진 천사와 풍금 그리고 어딘가로 떠난 악동들에 방점을 찍고 있다. 꿈이 이루어진 현재의 시각보다 꿈을 꾸던 결여된 시간들이 더 행복했음을 말하고 있는 것이다.

정무현이 각기 시인이 되고 음악가가 되고 건축가가 되어 다른 세상으로 떠나온 현재보다 유년의 공간을 재생하는 이유는 무엇일까. 바로 치유 받고자 하는 심리기제 때문이다. 어떤 방식으로든 존재해야 하는 현실은 모순적이다 못해 부조리하다. 그러한 체제는 하루아침에 전복되지도 않거니와 시인 또는 화자 혼자서 어찌해볼 수 있는 문제가 아닌 것이다. 즉 정무현의 시들은 이 부조리한 세계와 사람살이라는 리얼리티의 경계에 서 있기 때문으로 "흘러가버린 것들이 걷잡을 수 없이 시려온다"(「다정다경」)처럼 기억 저편 세상의 손 타지 않은, 순수하고 훼손되지 않은 공간에서의 치유가 필요한 탓이다. "지난 이야기는 아직도 살아 몸속을 휘감아 도네./…/사립문 밖, 아파트, 멀리도, 가까이도,/어머니 옥양목 치마가 온몸으로 감기네./그건 어머니의 향香이네."(「애기똥풀」)와 같이, 바로 과거의 기억은 고향인 어머니로 대변되는 까닭이기도 하다. 세상에서 어머니라는 고향만큼 치유적인 공간은 존재하지 않기 때문이다. 세계는 철저하게 부조리하고 그 속에서 우리의 치열한 삶은 너나할 것 없이 도돌이표처럼 반복되고 있다는 인식 탓이다.

튀어나온 입술로 땅가름 한다. 자기 땅도 아닌데 시비다. 막다른 골목 입구, 골목의 경계가 시비 대상이다. 이들은 같은 골목 사람이었다. 골목을 지나면서 인사를 건네기도 하고, 술 한 잔을 나누기도 했다. 화풀이의 크기가 경계측량으로 돌아왔다. 어디에 가 있던 경계를 요구당하고 경계를 정리해야 하는 세상이다. 경계라고 의심되는 곳에는 울타리가 자리하고, 그 울타리는 이유도 없이 경계를 알아야 한다. 너와 나, 내 것 네 것, 이곳저곳 경계가 있다. 경계를 위해 시간을 쏟아 붓고 경계를 위해 몸을 던진다. 경계가 주저앉아 버리면 내 것 네 것을 위해 쏟아 부을 것도 없는데, 경계를 만들기 위해 자신을 바친다.

경계측량이 한 치도 없이 너와 나를 냉정하게 만든다. 해서는 무거운 일이 경계를 서서 지켜보고 있다.

—「경계측량」 전문

경계의 삶을 사는 것은 유년의 삶과는 확연히 다르다. 아늑함이 없으며 늘 긴장의 연속이다. 강퍅한 세상이 언제 내 삶을 삐걱거리게 만들지 모른다. 한순간이라도 경계 짓기에 소홀하다면 지금까지 쌓아온 나의 삶에 위기가 닥칠지도 모르는 게 현실이다. 정무현은 치열한 생존의식을 가졌으며 "귀찮다고 새벽에서 오후로 간 적이 없는/열불이 나서 아침에서 저녁으로 건너 뛴 적이 없는/새벽과 오전 사이에 오후를 끼워 넣지도 않는/영겁의 시간이 하루마다 쓰러."(「하루」)진다고 인식하는 성실하고 올바른 사회적 규범의식을 가졌다. 그렇기에 그에겐 세상의 부조리가 유독 확연하게 보인다. 이것과 저것 사이의 구분을 잘 하는 것, 그것이 이 치열한 삶을 잘 살아내는 일이라고 여기고 있다. 이때, 중요한 점은 이 경계를 구분 짓는 행위 그 자체가 바로 '세상과 나'가 마찰하게 되는 원인인데 그때마다 세상은 나에게 호의적이지 않다. 폭압적이기까지 하다는 점이다. "경계를 위해 자신을 바친다"는 인식은 화자가 세상을 부조리하게 인식하고 있는데서 비롯된 화범이다. 이러한 세상으로부터 낙오되거나 주변부로 떠밀리지 않기 위하여 '나'뿐 아니라 타인도 모두 냉정하지 않을 수 없다는 것이다. "치는 순간 세상은/오직 넘겨야 할 대상이다."(「딱지치기」)라는 인식은 정무현의 삶의 방식을 잘 드러내고 있다 하겠다.

삶의 치열성은 시 곳곳에서 드러난다. "절벽보다 가파른/2층 베란다에 자리한 두 개의 화분,/방울토마토 줄기 사라지고 강아지풀이 자리 잡았다."(「강아지풀」)라든가, "시정없이 제초기 도는 소리에 풀들이 잘린다./숨은 벌레도 마구 잘린다./피 내음이 지독한 풀 향기로 번져온다./사방이 입을 다문 저녁/ 식솔 잃은 풀들이 같은 키로 남는다."(「정리해고」)는 한마디로 이 시대 삶의 방식을 대변하고 있다. '강아지풀'은 신노마드 시대 삶의 억척스러움을 표현하고 있는가 하면, '정리해고'는 우리 사회의 과제인 일자리의 문제를 적나라하게 드러내고 있다.

그렇다고 정무현의 의식이 냉혹하고 살벌한 사회의 횡포에만 머물러 있는 것은 아니다. 그럼에도 불구하고 사람은 살아남고 살아가고 있다는 확신을 놓지 않는다.

주민자치센터에 노래 강사가 둘이다. 한 사람은 무뚝뚝하고, 한 사람은 생글생글이다. 한 사람은 듬직하고, 한 사람은 연약하다. 한 사람은 알토톤이고, 한 사람은 소프라노톤이다. 한 사람은 긴 치마이고, 한 사람은 짧은 치마이다. 한 사람은 박자중심이고,

한 사람은 율동 중심이다. 한 쪽은 트로트이고, 한 쪽은 디스코이다. 한 쪽은 어르신 반이고, 한 쪽은 아줌마 반이다.

하나 끌어가기도 힘든 강좌인데 같은 강좌가 또 만들어지다니. 어떤 주민은 노래만 하는 동네냐고 한마디 하고, 한 강사는 한 쪽을 죽이는 게 아니냐고 볼멘소리 한다. 소란스러운 강좌지만 일 년이 넘어 보니 각자의 길로 잘들 가고 있다.

—「기우 다음은 기대」 전문

우리가 살아가는 힘이 바로 이것이다. 기우가 기대로 변할 수 있다는 사람에 대한 기대의식이야말로 부조리한 세상임에도 불구하고 우리가 희망을 가지고 살아가게 되는 원동력인 셈이다. 과도한 경쟁과 불협화음 속에서 끝내 파국으로 치닫지 않고 자연에 순응하는 들판의 잡초들처럼 자리를 잡아가는 방식, 사람살이 또한 자연의 이치에서 크게 벗어나지 않는다는 것을 강물의 자정작용처럼 기대하게 된다는 점, 바로 그것이 사람의 희망인 것이다.

잊을 만하면 찾아와 안부를 묻는다. 인사말 대화에도 교감은 뜨거워진다. 에둘러온 시간 따라 에둘러온 만남이 반갑다. 하늘이 티 없다고만 하지 아니하고 대지가 푸르기만 하다고 하지 않는다. 스쳐온 구름이 어떻고 타들어간 초목이 어떻고 그 사연 풀어보는 까마귀 창밖에서 까악까악 목줄을 흔든다. 청운의 꿈을 가져보지 않았으니 청운의 기억도 없다. 널려진 망초가 제 세상인데 민들레 피는 것을 잊지 않는다.

가끔 예전의 바람이 불어오기도 하지만 예전의 바람인지는 알 수가 없고, 줄지어 기어가는 개미는 예전의 개미가 아닌지도 모른다. 아직도 바람은 불고 개미는 기어가고 있다. 우리의 안부도 계속된다. 항상 있어야 할 곳에 있다는 건 지금 순간도 인정한다.

—「존재의 법칙」 전문

바로 특별한 해석이 필요 없는 우리 삶의 법칙이다. 삶은 유구하다는 말이다. 생명을 가진 것들은 도돌이표처럼 돌고 돌아 유장하게 이어진다. 불어오는 바람이 예전의 바람이든 "예전의 바람인지는 알 수가 없"든, "줄지어 기어가는 개미는 예전의 개미가 아닌지도 모르"지만 그럼에도 불구하고 "잊을 만하면 찾아와 안부를 묻"는 "만남이 반갑다". 교감의 관계가 뜨겁다. 세상이 제아무리 부조리하다 해도 이러한 법칙까지 훼손할 수는 없다. 제자리에서 자기 몫을 다하는 것으로 존재의 법칙을 만들어 왔다는 우주만물의 이치를 굳건히 믿고 사는 삶이기에 그는 세상과의 불화에 당당할 수 있는 것이다. 세상의 주인은 지상의 생명을 가진 것들이며 그 삶의 형식이 만들어가는 인정스러움에 있다는 인식 때문이다.

2. 세상과의 불화 그리고 동행

정무현이 세상과의 불화하는 것은 일반 사람과 소소한

살이에 있는 것이 아니다. 그의 불화의식이 시로서 의미 있는 이유이다. 아래의 시를 보기로 하자.

> 주민센터에 나타난 그 사람, 말투에 꼬깃한 세월이 묻어있는데, 세든 사람의 얘기다. 사라진지 석 달, 밀린 월세는 보증금을 넘었고 문을 딸 수도 없는데, 창틈으로 빨래만 물려있단다. 쉼 없는 얘기에 가리사니를 구하는데 그를 소개한 사람의 주소가 필요하단다. 정보보호란 얘기가 불을 질렀다. 이사한 주소만 알면 되는데, 이게 시민을 위한 자세냐고 호통이 쩔렁댄다. 변호사의 무료 상담을 받아보라 달래 보낸다.
>
> 다시 온 그 사람, 변호사의 상담이 주민센터에 가서 잘 얘기해보라 했다네. 법이 있어도 법을 얘기 않는 변호사, 답이 있어도 법이 아니면 안되는 주민센터, 그 사람은 주민센터가 야속하고, 주민센터는 변호사가 어이가 없고, 변호사는 그 사람이 막막하다.
>
> —「이상한 문제」 전문

불화의 대상은 기관이거나 기관의 업무 행태 그리고 그에 속한 사람들이다. 소위 이 사회의 특권층이라 할 수 있는 이들의 세상에 대한 인식과 삶의 행태에 있다. 세를 내놓은 사람도 세 들었다 사라진 사람도 세 든 이를 소개해 준 사람도 우리 사회의 평범한 시민이다. 이들의 삶은 평소 관官이라는 것과는 무관하나 어쩌다 '이상한 문제'라도 생기는 날엔 관官을 이용해야 하고 관官을 통해 해결해야 한다. 여기까지는 문제가 될 수 없다. 그런데 문제가 아닌 것이 문제가 된다. 해결의 실마리가 보이지 않을 만큼 "어이가 없고" "막막"한 문제가 되고 마는 것이다. 실용적이지 못한 행정 시스템과 책임 떠넘기기로 일관하는 관계자들의 업무 행태가 하나로 어우러져 관官을 위한 관官만 존재하고 시민에게는 불편하고 권위적인 관官이 되고 만다는 점이다. 관官의 존재이유는 바로 시민을 위한 것이다. 그럼에도 시민은 관官을 유익하고 효율적으로 이용하지 못한다. 관官의 존재이유를 관官 스스로가 상실한 셈이다. 이러한 '이상한 문제'는 "그 사람의 말투에 꼬깃한 세월이 묻어있"듯 늙수그레할 정도로 세상을 살아온 사람이라면 한번쯤 겪었을 법한 다반사한 일이라는 점을 들지 않을 수 없다. 부조리해도 한참 부조리한 세상이다.

아이가 땅콩을 달라 조르네요.
땅콩이 없다고 달래보지만
더 보채네요.
무릎을 꿇고 달래보는데,
아이는 팔을 내젓고 발을 구르며
땅콩, 땅콩, 소리만 하네요.

비행기를 줬어요.
근사한 호텔도 줬어요.
아이는 신나게 놀고 뛰네요.
땅콩보다는 못하지만

어쨌든 신나게 놀 수가 있네요.
땅콩은 잊어버린 것 같아요
이곳에 혼자 머무니
아이가 왕이 되었네요.

다 큰 아이가 땅콩을 달라 하네요.
막무가내네요.
이젠 생리를 하고 숲이 검게 자리하니,
아이를 아이라고 할 수가 없네요.

땅콩을 달라하는데 사람들은 난리네요.
피신한 호텔이 처음으로 무섭네요.
비행기가 아이를 잡아먹어요.
주인을 잡아먹네요.
아이는 빠져나오려고 안간힘이에요.
그를 구하기에는 아이가 너무 익어버렸어요.

왜 그래야 하는지도 모르고 리모콘이 되네요.
영혼을 잃어버렸어요.
아이는 정말 하고 싶은 얘기가 있어요.
왜 이래야 하는지 아직도 모르고 있어요.
고개 숙이고 치켜뜬 눈이 섬뜩하네요.
맞아요.

—「익은 아이」 전문

2014년 12월 세상을 떠들썩하게 했던 '땅콩회항' 사건에 대한 패러디 시이다. 설명이 필요 없을 만큼 공분할 수밖에 없는 내용이다. 이 사건은 2015년 6월이 된 이 시간까지도 우리 사회의 시사쟁점이 되어 악평이 잦아들지 않고 있다. 그간 우리 사회에 만연하던 속칭 기득권층의 '갑질' 행태에 대한 시민들의 분노가 폭발한 사건이었다. 더욱 분노할 일은 "왜 이래야 하는지 아직도 모르고 있"는 즉, 반성이라곤 찾아볼 수 없는 아이도 아닌 이이의 행태 때문이다. 노력도 없이 갖고 싶은 것은 다 가질 수 있다는 것을 당연시 여기는 출생부터 특수한 계층의 사람이 있다는 점과 억척스레 노동을 해도 평생 가질 수 없거나 이룰 수 없는 계층인 일반 시민이 대다수라는 점은 이 시대의 슬픈 자화상이 아닐 수 없다.

우리 아이들에게 펼쳐질 세상은 최소한 7, 8번의 직종을 옮겨 다녀야 하는 상황과 직면하게 된다. 수십 년 이내 노동시장은 과반수가 전자기계 또 로봇 등으로 대체될 것이라고 사회경제학자들은 전망한다. 터미널 매표소 또는 톨게이트 등 상당수가 이미 전자기기로 대체된 실정이지 않은가. 머지않아 일자리의 감소는 지금보다 가속화될 것이며 굳이 리프킨의 말이 아니어도 노동의 종말은 답이 보이는 예견임을 직감할 수 있다.

이러한 시대, 우리 사회를 이끄는 이들의 행태는 어떠한

가. 정무현은 부조리한 세상에 대한 개탄을 우화로 고발한다.

개똥밭에 개들이 모였다. 폼 나는 개들이 폼 나게 똥을 싼다. 개똥이 사방에 가득하니 우두머리개 기름진 밭 만들자고 한다. 개들이 환호한다. 컹컹, 캥캥, 깽깽,

이전 우두머리개 열 받는다. 우두머리 복위 기회 영영 사라지나 싶어 따까리 불러서 음모를 꾸민다. 우두머리개 눈치 채고 회의를 열어 따까리 하루 한 끼로 식사를 제한한다. 이전 우두머리개 나는 모르는 일이라며 보란 듯이 폼 나게 똥을 싼다.

이전 우두머리개 다시 따까리 불러 음모를 꾸민다. 따까리 영원히 추방되니, 이전 우두머리개 나는 모르는 일이라고 폼 나게 똥을 싼다. 우두머리개 모르는 체 껴안으니 이전 우두머리개 다시 기회를 노린다. 그 사이 개똥밭은 기름지고, 단내 나는 참외가 주렁주렁 열린다.

—「개니까」 전문

정무현의 시들 중 가장 거친 시다. '우두머리개', '폼 나게', '똥을 싼다', '열 받는다', '따까리' 등 비속어의 조합들은 정무현의 세상에 대한 시선이 그야말로 얼마나 '열 받'아 있는지를 극명하게 보여준다 하겠다. '우두머리개'로 상징되는 대표는 리더다운 철학도 없으며 당리당략을 위한 음모와

숨수만 능하다. 자신의 안위를 위해서는 어제의 적도 오늘의 아군으로 만들어 음모를 꾸미고 작당한다. 그러다 "나는 모르는 일이라고" 발뺌하기도 서슴지 않는다. 잘못을 인정하고 자숙하는 것이 아니라 어디까지나 다음 기회를 노리기 위한 술책일 뿐이다. 정의롭지 않은 방식으로 구축된 것들은 제대로 시행될 리 만무하며, 그 정당성을 인정할 수도 없을 뿐 아니라 인정받을 수도 없다. 정무현의 시선은 그 점을 다음과 같이 일갈한다. "그 사이 개똥밭은 기름지고, 단내 나는 참외가 주렁주렁 열린다"며 반어적으로 조롱하는 것이다. 개똥밭에서 단내 나는 참외가 열린다 한들 그 참외를 어느 누가 먹겠는가. 그 참외는 그들만이 즐겨 먹는 것이 될 것이며 단내는 그들의 무리에게만 해당되는 맛이 될 것이기 때문이다. 이 부조리한 세상의 행태들은 정무현의 시 수십 편에 이를 정도로 이 시집의 한 축을 이루고 있다. 이는 정무현의 삶의 의식이 건강하다는 것을 반증하는 것이며 그렇기에 어떻게 살아갈 것인지를 일찍이 알았다는 것이기도 하다.

뿌리가 바위를 감고 뚫는다.
성치 않은 몸 사십만 년이다.
비바람이 날리고 눈두덩이를 덮어썼는데
불길이 뚫은 돌의 구멍을 잊을 수 없다.
천 년의 터를 마련하고 나니

북방과 남방의 경계마저 허물없이 섞인다.

하늘 한 자락 불의 띠가 되어 천 길 솟으니
하늘은 세찬 물 퍼부어 땅이 만들어진다.
혼자서는 살 수 없는 돌땅이다.

서로 끌고 끌리며 엉키고설키며
돌은 연리석이 되고
뿌리박은 덩굴은 연리지가 되니
그 땅에서 숨이 머물게 된다.
허파가 되고 하늘을 비옥하게 한다.
돌을 뚫고 연녹색 잎들이 천진하게 솟아오른다.
잠겨진 과거를 안고 눈들이 마주하고 있다.

—「곶자왈」 전문

공존하는 법이다. 세상이 부조리할수록 개인의 삶이 온전하기란 쉽지 않다. "뿌리가 바위를 감고 뚫는" 것과 같은 간난신고한 삶의 형식이 될 것이다. 그럼에도 삶에 대한 올바른 인식을 가진 이들의 인식은 다르다. 몸과 마음은 "성치 않"지만 "천 년의 터를 마련하고 나니/북방과 남방의 경계마저 허물없이 섞"이던 오랜 역사의 벅찬 기억을 문신처럼 새기고 있는 것이다. 부조리한 세상일수록 인류 공존의 기억을 붙들고 개개인은 정의를 곧추세울 줄 알아야 하며 어떤 인고도 견뎌 마침내 연리석이 되고 연리지가 되듯 삶의 싹을 틔우고 키워가야 한다는 삶의 결연한 의식으로 살아낸다는 점이다. 지고지순한 생의 의지인 셈이다. “돌을 뚫고 연녹색 잎들이 천진하게 솟아오”르 듯 과거와 현재가 연하여 내일로 간다는 것을 아는 시인이다.

시인의 시의식이 건강하면 세상과의 불화는 크며 생에의 열정은 치열해지는 법이다. 시인은 세상의 슬픔을 대신 울어주는 곡비인 연유가 여기에 있다. 바로 정무현은 가슴으로 울 줄 아는 시인이다. 오직 가슴으로 사유하고 느낀다. 그에게 세상의 모든 일들은 “단 하나의 가슴으로” 오고 “끝내는 늘 가슴으로만 온다.”(「그리움」)에서 알 수 있듯, 그 가슴이 시키는 일에 순응하며 살아온 것으로 유추할 수 있다. 그 힘은 세상의 사랑이란 ‘동행’이 있기 때문에 가능했던 것이라 할 수 있겠다. 그의 시길에 올곧고 따뜻한 것들의 동행이 계속되길 기대한다.

> 두려워하지 말아요.
> 사랑이 변할까 가슴앓이 말아요.
> 열꽃 오른 사랑이 항시 그럴 수 있는 방법은 찾지 못했어요.
> 사랑이 변한다는 건 정과 배려가 다가온다는 뜻이에요.
> 떠나간 사랑은 변한 게 아니라 없어진 것이고,
> 없어진 사랑은 의미가 없잖아요.
> 사랑이 다른 사랑으로 변할까 두려워하지 말아요.
> 다른 사랑이라면 지금의 사랑을 가질 수 없잖아요.

열꽃 오른 사랑이 위험하니 안전하려 우화하는 거에요.
올챙이가 개구리로 변한 건 축하할 일이에요.
꽃과 나무가 우리를 위해 가득히 채워주고 있어요.
없던 바람이 다가와 살랑살랑 손을 흔들어 꽃향기 날리네요.

—「동행」 전문